BEI GRIN MACHT SICH IHR
WISSEN BEZAHLT

- Wir veröffentlichen Ihre Hausarbeit,
  Bachelor- und Masterarbeit

- Ihr eigenes eBook und Buch -
  weltweit in allen wichtigen Shops

- Verdienen Sie an jedem Verkauf

Jetzt bei www.GRIN.com hochladen
und kostenlos publizieren

Hans-Jürgen Borchardt

Der Bauch, der vernachlässigte Ratgeber

Ratio allein ist nicht genug

GRIN Verlag

Bibliografische Information der Deutschen Nationalbibliothek:

Die Deutsche Bibliothek verzeichnet diese Publikation in der Deutschen National-
bibliografie; detaillierte bibliografische Daten sind im Internet über http://dnb.d-
nb.de/ abrufbar.

Impressum:

Copyright © 2010 GRIN Verlag GmbH
Druck und Bindung: Books on Demand GmbH, Norderstedt Germany
ISBN: 978-3-656-46809-7

Dieses Buch bei GRIN:

http://www.grin.com/de/e-book/161892/der-bauch-der-vernachlaessigte-ratgeber

GRIN - Your knowledge has value

Der GRIN Verlag publiziert seit 1998 wissenschaftliche Arbeiten von Studenten, Hochschullehrern und anderen Akademikern als eBook und gedrucktes Buch. Die Verlagswebsite www.grin.com ist die ideale Plattform zur Veröffentlichung von Hausarbeiten, Abschlussarbeiten, wissenschaftlichen Aufsätzen, Dissertationen und Fachbüchern.

Besuchen Sie uns im Internet:

http://www.grin.com/

http://www.facebook.com/grincom

http://www.twitter.com/grin_com

Der Bauch, der vernachlässigte Ratgeber

Wir Menschen sind, so sagen die Psychologen, zu 80% gefühlsgesteuert. Im Berufs- und Geschäftsleben glauben wir aber, wir müssten uns rational verhalten, weil Angebote, Verhandlungen, Abschlüsse etc. auf konkreten Daten, Fakten und Leistungen aufbauen und entsprechend interpretiert und dargestellt werden müssen.

Wenn wir uns rational verhalten, sind wir logisch. Wir verknüpfen Inhalte, Leistungen und Informationen zu einem überzeugenden Ganzen. Und dennoch gelingt es uns oft nicht, den Gesprächspartner/Kunden/Anfragenden zu überzeugen, weil sein Bauchgefühl ihm sagt: "Das ist nicht der richtige Partner für mich".

Das Bauchgefühl kann zwei Ursachen haben. Entweder die "Chemie" stimmt grundsätzlich nicht, oder der Eindruck und das Verhalten des Gegenübers lösen ablehnende Empfindungen aus. Gegen eine "kontroverse Chemie" kann man nichts machen, wohl aber gegen das Bauchgefühl. Die Gründe für die unangenehmen Empfindungen können ebenso vielfältig wie unterschiedlich sein. Das beginnt bei der Kleidung, dem Auftreten, dem Verhalten, den Reaktionen und geht über die Argumentation bis zur Verabschiedung.

Was also kann man tun, um negative Bauchgefühle bei Kunden bzw. Interessenten zu vermeiden?

Im Grunde genommen ist es relativ leicht, negative Empfindungen bei Kunden und Interessenten zu vermeiden. Das Wichtigste bei Beratungs- und Angebotsgesprächen ist, dass Sie sich früh genug vor dem Gespräch vorstellen, wer der Interessent ist und was dieser von Ihnen erwartet. Das betrifft Ihr Outfit, Ihre Begrüßung, Ihre Gesprächseinleitung, Ihre Argumentation, Ihre Bereitschaft zuzuhören, Ihre Bereitschaft Einwände und Gegenargumente zu akzeptieren, Ihre Bereitschaft neue Wünsche, Erkenntnisse und Ideen konstruktiv aufzunehmen und nicht zuletzt die Verabschiedung.

Viele Unternehmer haben "ein" Verkaufsgespräch, d.h. sie arbeiten immer mit den gleichen Begriffen, mit der gleichen Argumentation, mit den gleichen Beispielen. Das klappt dann meistens aber es geht auch oft schief, weil der Unternehmer vorher nicht darüber nachgedacht hat, was man von ihm erwartet. Das Ergebnis ist, dass er sich völlig anders präsentiert, als erwartet.

Oder anders formuliert. *(Wenn ich jetzt geschrieben hätte "Oder anders erklärt." hätten Sie sich wahrscheinlich schon beleidigt gefühlt, weil ich Ihnen unterstellt hätte, Sie hätten das nicht verstanden.)*

In der Werbung wird immer und immer wieder geschrieben und gesagt, die Ansprache, die Aussagen müssen der Zielgruppe, noch besser, den Zielpersonen angepasst werden. Das, was für die Werbung gilt, gilt noch mehr für das Beratungs- bzw. Verkaufsgespräch. Der Interessent will in einem derartigen Gespräch als Individuum mit individuellen Wünschen wahrgenommen werden und nicht mit einem einstudierten Standardgespräch beraten werden.

Zwei Beispiele:

1. Ein Installateur erhält einen Anruf von einer Familie mit der Bitte, mal vorbei zu kommen, um eine größere Arbeit für die Sanierung des

Badezimmers zu besprechen. Man verabredet sich für 18°° Uhr am gleichen Tag.   Obwohl der Installateur weiß, dass die Adresse, die er erhalten hat, die bevorzugteste Lage der Stadt ist, entschließt er sich, nach der Arbeit direkt zum Interessenten zu fahren. Er kommt also in seiner Arbeitskleidung (möglichweise noch mit schmutzigen Schuhen). Er wird zwangsläufig in das Haus gebeten. Ergebnis: Der erste Eindruck ist schon negativ.

Man besichtigt das zu renovierende Bad und bespricht die durchzuführenden Arbeiten. Anschließend setzt man sich in das Wohnzimmer um Details zu besprechen.   Er sitzt mit seinem Blaumann auf einem gepolsterten Stuhl und die Hausfrau ist jetzt endgültig voller Antipathie. Im folgenden Gespräch entpuppt sich der Installateur dann nicht als geduldiger Zuhörer, der ergänzende Fragen stellt, sondern als belehrender Besserwisser, der immer wieder sagt, "was man heute nicht mehr macht, was heute nicht mehr modern ist.". Mit diesem Auftritt hat der Installateur alles getan, um bei den Interessenten eine emotionale Ablehnung zu provozieren.

Ein Wettbewerber, der ebenfalls zu einem Besuch eingeladen wurde, verhält sich dagegen völlig anders. Er kommt sauber zum vereinbarten Termin, hat verschiedene Kataloge mitgebracht und stellt bei der Besichtigung des alten Bades viele Fragen, um die Vorstellung der Interessenten möglichst vollständig zu erfassen.   Beim anschließenden Gespräch im Wohnzimmer hört er geduldig zu und gibt seine fachlichen Empfehlungen immer mit einer anschließenden Begründung. Wenn er glaubt, dass die Vorstellungen der Interessenten besser gelöst werden können, gibt er zunächst keine Empfehlung, sondern leitet seinen Verbesserungsvorschlag mit einer Frage ein. Z. B. "Sie haben sich für ein Standard-WC entschieden. Ein Wand-WC ist in der Höhe verstellbar, so dass Sie für sich die optimale Sitzposition wählen können. Wäre das nicht eine Alternative für Sie?"

Dieses Beispiel zeigt, dass dieser Installateur auf alles achtet, was zu einer positiven Akzeptanz führt. Da entsteht kein negatives Bauchgefühl, sondern dass Gefühl, "der hat uns verstanden, der weiß, was wir wollen und -ganz wichtig- der akzeptiert unsere Ideen." Selbst wenn dieser Installateur teurer ist als sein Wettbewerber, wird er den Auftrag erhalten.

Und damit sind wir bei einem weiteren, ebenso wichtigen Aspekt. Je positiver der erste Eindruck ist, desto größer ist die Bereitschaft, "für das gute Gefühl, das man hat" etwas mehr zu zahlen.

2. Zwei Werbetexter -es könnten auch Web-Designer sein- werden von einem Kleinunternehmer zu einem Gespräch für einen geplanten Internetauftritt eingeladen. Der Unternehmer erzählt den Textern was er beabsichtigt und welche Gedanken er sich bereits zu dieser Aufgabe gemacht hat.

Texter Nr. 1 versteht sich als "Kreativer". Entsprechend sind sein Outfit, sein Auftritt und sein Benehmen. Er will mit seinem Wissen brillieren, hört sich alles an und sagt anschließend: "Ich werde ihre ersten Ideen mitnehmen, aber die zielpersonenorientierte Diktion, die nutzenorientierte Argumentation und der Aufbau nach der AIDA Formel fehlen vollständig.

Aber ich werde das entsprechend korrigieren. Außerdem muss das Ganze noch so optimiert werden, dass es den SEO Bedingungen bestmöglich gerecht wird."

Nach diesem "Auftritt" sagt der Bauch des Unternehmers NEIN, auch wenn der Kopf vielleicht die Kompetenz des Texters akzeptiert. Dem Auftraggeber wurde verklausuliert klar gemacht, dass seine Arbeit für die Katz war und dass er (überhaupt) keine Ahnung hat. Oder anders, überlassen Sie die Aufgabe lieber mir, dem Profi, denn ich weiß es besser. Das ist zwar richtig, aber der Interessent fühlt sich missachtet.

Texter Nr. 2 verhält sich dagegen ganz anders. Er lässt sich die Aufgabe schildern und lobt den Unternehmer für seine Vorarbeit. Anschließend sagt er, dass er dazu einige Fragen hat, damit er im Sinne der Zielvorstellung konstruktiv mitdenken und entsprechende Vorschläge entwickeln kann. Das Ergebnis: Der Unternehmer fühlt sich verstanden und akzeptiert und übergibt ihm den Auftrag.

Zugegeben, die zwei negativen Beispiele sind vielleicht etwas überzeichnet, aber viele Kleinunternehmer glauben immer noch, sie müssten ihr Wissen und ihre Kompetenz unmissverständlich darstellen. Dabei vergessen sie, dass man sie nicht als möglichen Auftragnehmer ausgesucht hätte, wenn man nicht überzeugt wäre, dass sie die Arbeit kompetent lösen können.

Etwas komplizierter wird die Situation, wenn Sie mehreren Gesprächspartnern gegenüber sitzen. Egal, ob Sie ein derartiges Gespräch mit einem Ehepaar oder mit dem Chef bzw. dem Einkäufer einer Firma führen, der ein oder mehrere Mitarbeiter an seiner Seite hat. Hier heißt es zunächst abwarten. Sie müssen als erstes feststellen, "wer das Sagen" hat, damit Sie wissen, wem Sie die größte Aufmerksamkeit widmen müssen. Das muss nicht immer der Vorgesetzte sein, sondern das kann auch der Mitarbeiter sein, der später mit der Maschine, dem Programm, den Geräten arbeiten muss. Oder es ist die Ehefrau, die zwar wenig sagt, die aber das Angebot blockiert, wenn ihre Wünsche nicht berücksichtigt werden.

Auf gar keinen Fall dürfen Sie sich ausschließlich dem Hauptentscheider zuwenden, denn dann haben Sie sofort alle anderen gegen sich. Sie sollten immer darauf achten, dass Sie mit allen Blickkontakt halten und die andere(n) Person(en) immer wieder mit in das Gespräch einbinden. Tun Sie das nicht, fühlen sich die anderen missachtet und werden in der späteren internen Diskussion gegen Sie argumentieren.

Damit Sie den Bauch Ihres Gesprächspartners als Ja-Sager gewinnen, sollten Sie für sich einmal einen Leitfaden erstellen, damit Sie die Grundregeln zur Bauchgewinnung beachten, z. B.:

Wer ist der Interessent?
Alter, sozialer Status, Position, Umgangsformen.
Was soll erreicht werden?
Die Motive für einen Auftrag können sehr verschieden sein. Egal, ob es sich um statusorientierte, arbeitserleichternde, umweltschonende, die Wirtschaftlichkeit verbessernde Projekte handelt, Sie müssen das Grund-

und die Nebenmotive erkennen, damit Ihre Argumentation punktgenau sitzt.
Eigenes Verhalten.
Den eigenen Auftritt dem zu erwartendem Umfeld anpassen, freundlich sein, zuhören, Fragen stellen, die Vorteile des Projektes (in Verbindung mit der eigenen Leistung) betonen, wahrheitsgemäß beraten, die Herabsetzung von Wettbewerbern vermeiden, das eigene Wissen nicht demonstrativ zur Schau stellen, Kompetenz an anderen Projekten darstellen, sich auf die Sprache des Interessenten einstellen, keine voreiligen Zusagen machen.

Fazit:
Eigentlich ganz einfache und simple Regeln, aber sie werden immer wieder missachtet oder vergessen. Denken Sie immer daran, das Bauchgefühl ist hochsensibel und hat feinste Antennen. Interessenten merken meistens sehr schnell, wenn sie nur als Opfer gesehen werden.

Hans-Jürgen Borchardt
März 2010